Elena Nadchuk

Загадочное письмо

Das Hörbuch und die Arbeitsblätter zu *Загадочное письмо* gibt es auf go.cornelsen.de unter dem Code: **wexape**

Cornelsen

Последний учебный день в школе

У Маши кончились уроки в школе, и она шла грустная домой.
До улицы «Дорожной» Маша шла вместе с друзьями Алиной и
Денисом. Они говорили о планах на летние каникулы, которые
начинаются завтра.

Денис сказал, что будет отдыхать две недели с папой,
мамой и братом в Сочи. Он уже много раз был там. Его семья
очень любит загорать и купаться в море. А потом он будет
в летнем лагере.

Алина сказала, что она и
её семья хотят поехать
на Урал. Её папа и мама
родились на Урале, и
поэтому они очень любят
ходить в походы в горы.
Алине и её сестре ходить
в походы тоже очень
нравится. А потом Алина
с сестрой будет у бабушки
и дедушки до конца июля.

А что будет делать в каникулы Маша? Да ничего интересного!
Она будет всё время дома. И это будет очень скучно!
Она уже давно мечтает о поездке к морю или озеру.
Или в большой город, например, как Санкт-Петербург.
Но и в летние каникулы из этого ничего не получится.

Родители сказали, что на поездку сейчас денег нет. А это
значит, что каникулы будут на балконе или в саду.

На у́лице «Доро́жной» у магази́на «Проду́кты» ребя́та сказа́ли друг дру́гу «Пока́» и пошли́ домо́й.

Ма́ша жила́ на пя́том этаже́ в многоэта́жном до́ме, в не о́чень большо́й кварти́ре с больши́м балко́ном на у́лице «Полево́й».

Э́то бы́ло недалеко́. Снача́ла ну́жно идти́ пря́мо до магази́на, пото́м напра́во, а там, ря́дом с апте́кой, и был уже́ дом Ма́ши.

Но Ма́ша шла сего́дня не о́чень бы́стро домо́й. Она́ шла и ду́мала, что сле́дующие три ме́сяца: июнь, июль и а́вгуст она́ и так бу́дет до́ма. И э́то бу́дет о́чень ску́чно!

Вот и ле́тние кани́кулы. Чем я бу́ду занима́ться всё э́то вре́мя?

Что де́лать в таку́ю пого́ду?

Пе́рвая неде́ля кани́кул начала́сь с плохо́й, о́блачной пого́ды.
Каза́лось, и пого́да была́ тако́й же гру́стной, как Ма́ша.
На у́лице бы́ло па́смурно, и почти́ ка́ждый день шёл дождь.

Ма́ша уже́ сейча́с скуча́ла по Али́не и Дени́су. Она́ посмотре́ла
из окна́ и поду́мала:

Эх, кака́я плоха́я пого́да сего́дня!
У Али́ны и Дени́са, наве́рное, сейча́с
отли́чная ле́тняя пого́да: со́лнечно
и жа́рко. А здесь це́лый день то́лько
до́ждь идёт и ве́тер ду́ет.
Так хо́лодно! И что то́лько де́лать
в таку́ю пого́ду? Мо́жно то́лько до́ма
сиде́ть.

Но Ма́ша не хоте́ла ве́шать нос. Она́ ка́ждый день ходи́ла
гуля́ть с соба́кой Ри́кой в парк. Иногда́ она́ ката́лась
на велосипе́де, гуля́ла по го́роду и́ли игра́ла с ма́ленькими
бра́том Ва́ней и сестро́й Ли́зой.

А ещё Ма́ша ча́сто ходи́ла в библиоте́ку, потому́ что она́ о́чень
люби́ла чита́ть. Кни́ги помога́ли ей де́лать се́рые и холо́дные
дни опя́ть цветны́ми.

Но всё измени́лось в суббо́ту. Уже́ у́тром пого́да была́ совсе́м друго́й. Дождь зако́нчился. И тепе́рь свети́ло со́лнце, и дул тёплый ве́тер. Э́то был пе́рвый день кани́кул, в кото́рый пого́да была́ по-настоя́щему ле́тняя.

В выходны́е вся семья́ Ма́ши была́ до́ма.

Сего́дня мы бу́дем отды́хать у реки́. Там мы мо́жем загора́ть, купа́ться и игра́ть в мяч.

Со́лнце и река́ – э́то прекра́сно!

Э́то кла́ссная иде́я!

Вот здо́рово! Мы бу́дем игра́ть в мяч!

Ура́! Я люблю́ купа́ться!

Приро́да у реки́ была́ прекра́сная. Здесь бы́ло ме́сто для игры́ в мяч и ме́сто, где семья́ отдыха́ла и загора́ла. У всех бы́ло хоро́шее настрое́ние. На обе́д они́ устро́или пикни́к: бы́ли сэ́ндвичи с сы́ром и соси́ски, а ещё фру́кты и сок.

День был, про́сто, отли́чный! По доро́ге домо́й все е́ли моро́женое. Вот они́ – настоя́щие ле́тние кани́кулы!

Зага́дочное письмо́

Дóма, в почтóвом я́щике, Мáшу ждал сюрпри́з: откры́тки от Дени́са и Али́ны.

Привéт Мáша!

Здесь, на Урáле, мне óчень нрáвится.
Погóда и прирóда здесь прекрáсные, поэ́тому мы чáсто хóдим в похóды. Мы ви́дели в горáх дáже снег. Я слы́шала, что дóма плохáя погóда.
Чем ты занимáешься?

Целу́ю, Али́на

г. Тутаев
ул. Полевая
д. 70, кв. 63
Соколовой Маше

Привéт Мáша!

Как у тебя́ делá? Здесь, в Сóчи, всё óчень клáссно: сóлнце, мóре, пляж и погóда. Сейчáс óчень жáрко: +34 грáдуса. Вчерá был вéтер, и мы занимáлись сёрфингом – бы́ло здóрово! Фóтки покажу́, когдá бу́ду дóма.

Покá, Дени́с

г. Тутаев
ул. Полевая
д. 70, кв. 63
Соколовой Маше

А ещё там бы́ло письмо́ для Ма́ши. На письме́ стоя́л её а́дрес: «г. Тута́ев, ул. Полева́я, д. 70 кв. 63, Соколо́вой Ма́ше».

Ма́ша откры́ла письмо́:

Но что э́то? И как прочита́ть э́то письмо́? Ну, коне́чно, зе́ркало!

Ма́ша взяла́ зе́ркало и прочита́ла: «КТО ТЫ?»

И всё. «Здра́вствуй» и «Пока́» в письме́ не́ было. Кто же написа́л э́то письмо́? Но а́дрес отправи́теля на письме́ не стоя́л.

Маша села на стул в комнате и прочитала письмо ещё раз: «Кто ты?» Она взяла в руку зеркало, посмотрела в него и сказала: «Маша Соколова, кто ты? Кто ты такая?»

Маша была симпатичная девочка, по крайней мере, так все о ней говорили. У неё были большие голубые как море глаза и длинные каштановые волосы. Маша была стройная и довольно высокая девочка. Больше всего она любила носить джинсы, свитер и кроссовки. Это была её любимая одежда. И эта одежда, так думала Маша, ей очень шла.

Я – Маша Соколова. Я – 14-летняя девочка, дочь, сестра, подруга Алины и Дениса, ученица 8-го класса. Но кто я ещё?

Маша целый день думала об этом вопросе, но так и не нашла подходящего ответа.

Вечером Маша спросила маму:

Маша: Мама, кто я такая?

Мама: Как, кто ты такая? Ты – Маша Соколова. Ты моя дочь и дочь папы, ты …

Маша: Да, всё это я уже знаю. А ещё? А ещё кто?

Мама: Ты любишь заниматься спортом и хорошо играешь в баскетбол. Ещё ты – хорошая ученица. У тебя почти только пятёрки. Ещё ты кумир маленьких брата и сестры. Они тебя очень любят и хотят быть такими как ты.

Но и мама не сказала Маше ничего нового. Всё это она уже и так знала.

Но́вый вопро́с

В сле́дующую пя́тницу Ма́ша получи́ла ещё одно́ письмо́.
На письме́ опя́ть стоя́л
то́лько её а́дрес. Ма́ша
откры́ла его́ и прочита́ла:

> Сего́дня в па́рке, на берегу́ реки́,
> под жёлтой байда́ркой.

Ма́ша позвала́ соба́ку Ри́ку и пошла́ с ней погуля́ть в парк.
До реки́ в па́рке бы́ло недалеко́. Ма́ша снача́ла шла пря́мо
по большо́й алле́е па́рка до па́мятника. Пото́м она́ поверну́ла
нале́во и шла опя́ть пря́мо до бе́рега реки́.

Здесь, на берегу́ реки́, бы́ли три байда́рки. Одна́ из них была́
жёлтая. Ма́ша посмотре́ла на байда́рку, но на ней ничего́
не́ было.

> И отку́да э́тот челове́к зна́ет,
> что на берегу́ есть байда́рки?
> Мо́жет быть, здесь бу́дет
> отве́т на пе́рвый вопро́с?

Маша посмотрела под байдарку, и там, действительно, было ещё одно письмо. Маша открыла письмо.

«Но что тут стоит?» – подумала Маша. Она дописала буквы. Это был ещё один вопрос: «ГДЕ ТЫ?» И это был очень интересный вопрос. По дороге домой Маша думала об этом.

Её семья год назад переехала жить в Тутаев. Маша ещё почти ничего не знала об этом городе.

Она редко гуляла по городу. Её одноклассницы любили ходить по магазинам. Но у Маши было не так много денег и поэтому она делала это редко. Она часто гуляла с собакой и общалась с Алиной и Денисом. Ещё она любила играть на стадионе в баскетбол. Она даже играла в школьной команде.

Дóма Мáша прочитáла информáцию о гóроде.

Информáция о гóроде Тутáеве

- оснóван в 1283 г.
- рáньше, до 1918 г., называ́лся Ромáнов-Борисоглéбск
- нахóдится на двух берегáх реки́ Вóлги, в 38 киломéтрах от Яросла́вля
- гóрод Золотóго кольцá Росси́и

Кли́мат

- зима́ – дли́нная и холóдная
- лéто – тёплое и корóткое

Достопримеча́тельности

стáрый гóрод, на́бережная реки́ Вóлги, ую́тные у́лочки, ста́рые и краси́вые цéркви и хра́мы, музéи, па́мятники, Леóнтьевский мóстик и́ли «итальянский» мóстик, родни́к

Óтдых

- краси́вая прирóда, лес, пляж, па́рки, турба́зы,
- лéтом – вóдный спорт, ката́ние на лóдках, рыба́лка
- зимóй – хоккéй, ката́ние на лы́жах

Пра́здники

- день гóрода – 4-го а́вгуста
- фестива́ль «Ромáновская овца́»
- «РомáновГрад – Ки́ноАрт»
- Я́рмарка

Го́род Тута́ев не тако́й уж неинтере́сный, как ра́ньше ду́мала Ма́ша. Здесь есть, что посмотре́ть и есть, где интере́сно провести́ вре́мя.

Я слы́шала, что в выходны́е бу́дет о́блачная пого́да. Купа́ться бу́дет хо́лодно.

Ну, дава́йте посмо́трим в э́ти выходны́е го́род Тута́ев. Мы его́ ещё пло́хо зна́ем.

А что, наприме́р?

Мы мо́жем соверши́ть велосипе́дную экску́рсию по го́роду. Я о ней чита́ла в газе́те. Э́та экску́рсия ка́ждую суббо́ту в 10:00 часо́в. И начина́ется она́ у кинотеа́тра «Экра́н».

Ура́! Экску́рсия на велосипе́де – э́то здо́рово! Я уже́ хорошо́ уме́ю е́здить на велосипе́де!

А я ещё пло́хо уме́ю е́здить на велосипе́де! Я не могу́ е́хать с ва́ми.

Ли́за, не бо́йся, ты пое́дешь со мной. Вме́сте мы всё мо́жем сде́лать.

Экскурсия по Тутаеву

Экскурсия по городу началась в 10:00 часов у кинотеатра «Экран».

Первая остановка была у «итальянского» мостика.

Вторая остановка была у Земляных валов, которые были построены в XV веке.
Потом все поехали к Колокольному заводу.

Следующая достопримечательность города, которую посетила семья Маши, был Покровский храм (Церковь Покрова). Здесь находится известная икона города.

После храма семья посетила Кустодиевский бульвар. Он носит имя художника Кустодиева. Отсюда можно посмотреть на реку Волгу и на Казанско-Преображенскую церковь.

Последняя остановка этой экскурсии – 25-метровая Пожарная башня. Отсюда можно посмотреть на город с высоты птичьего полёта. Здесь экскурсия закончилась.

Покро́вский храм

Пожа́рная ба́шня

Нача́ло экску́рсии

Кустоди́евский бульва́р

КИНОТЕАТР

Каза́нско-Преображе́нская це́рковь

Во́лга

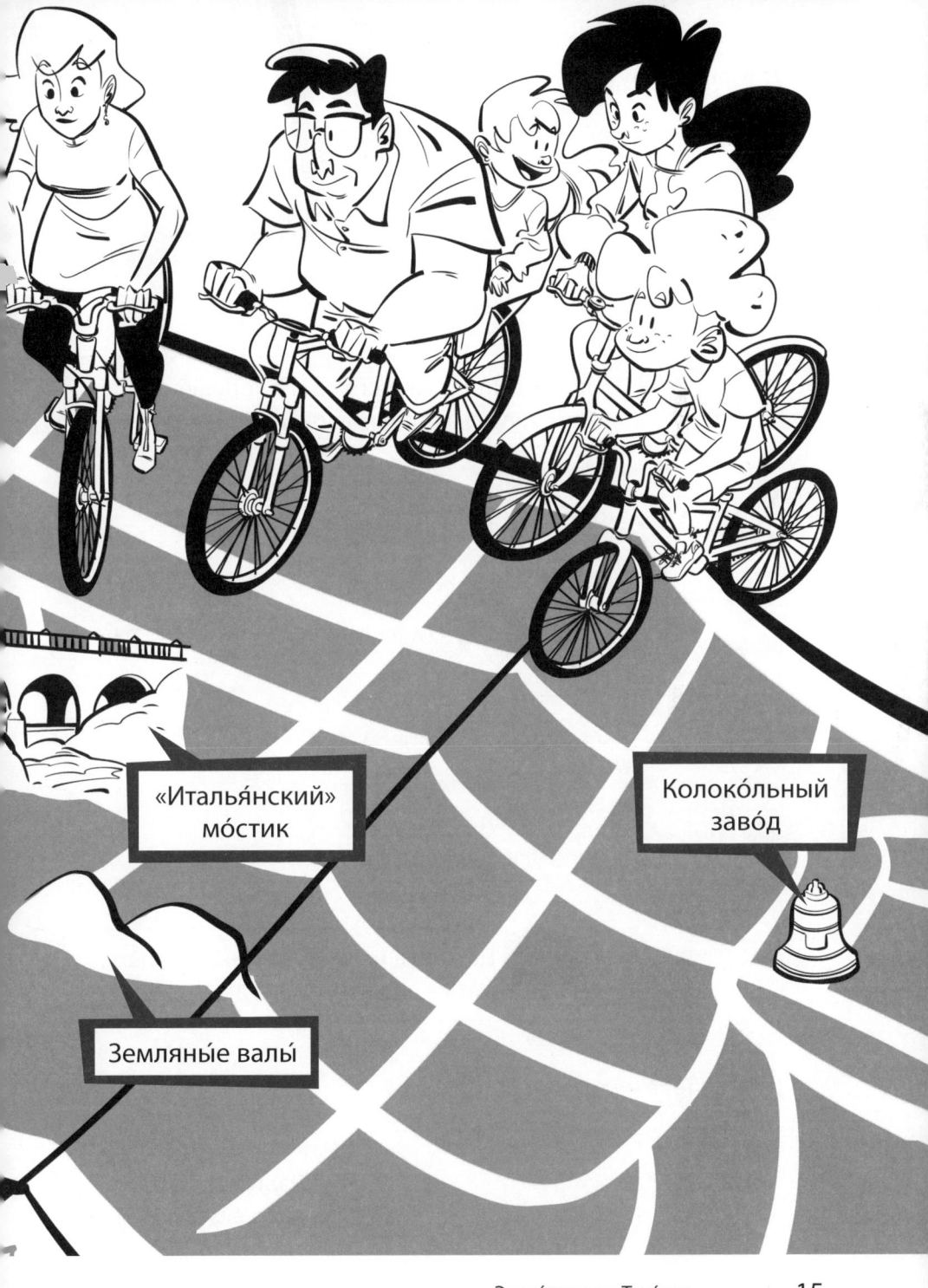

«Итальянский» мо́стик

Колоко́льный заво́д

Земляны́е валы́

И тут Маша получила эсэмэску:

 Привет, Маша! Привет, Денис! Как дела? Чем занимаетесь?

 Привет, девчонки! У меня всё окей. А у вас? Я загораю на пляже.

 Привет, ребята! У меня тоже всё хорошо. Я часто получаю странные письма с вопросами.

 А что это за вопросы?

 Ну, например: «Кто ты? Где ты?»

 Да, странные вопросы.

 Тебе надо показать их родителям.

 Нет, пока не хочу. Мне надо узнать, кто их пишет.

 Тебе надо быть осторожной.

 Ладно. Пока. Мне надо ехать домой.

Когда́ Ма́ша была́ до́ма, она́ прочита́ла ещё раз э́ти два письма́.

Ли́за: Ма́ша, я хочу́ с тобо́й игра́ть.

Ма́ша: Дава́й, пото́м. Я сейча́с не хочу́.

Ли́за: А что ты де́лаешь?

Ма́ша: Ничего́.

Ли́за: А что э́то у тебя́ тако́е?

Ма́ма: Де́ти, у́жинать!!!

Интере́сно, кто их написа́л?

В сад

Всю неде́лю на у́лице бы́ло о́блачно, но тепло́. Но́вых пи́сем не́ было. Но в четве́рг Ма́ша вдруг получи́ла эсэмэ́ску:

«Отку́да э́тот челове́к зна́ет мой но́мер телефо́на? И отку́да он зна́ет, что у нас есть сад?» – поду́мала Ма́ша. Ей ста́ло немно́го жу́тко. «Но мне обяза́тельно на́до пое́хать в сад, потому́ что я хочу́ знать, что там нахо́дится».

Ма́ша весь день ду́мала, как уговори́ть роди́телей пое́хать в выходны́е в сад. Она́ да́же но́чью не могла́ от э́того спать.

Но у́тром …

Ма́ма: Дороги́е мои! Дава́йте пое́дем в выходны́е в сад.

Па́па: Я – за, потому́ что мы уже́ давно́ там не́ были.

Ма́ша: Да, я то́же хочу́ в сад, потому́ что мне там нра́вится.

Ва́ня: А я хочу́ в сад, потому́ что там у меня́ есть друг.

Ли́за: А я не о́чень хочу́ в сад, потому́ что там мно́го комаро́в.

В суббо́ту у́тром вся семья́ поéхала в сад. До сáда Соколо́вых нáдо éхать снача́ла 49 мину́т на авто́бусе, а пото́м ещё 20 мину́т на по́езде.

– Здрáвствуйте. Мне, пожáлуйста, пять билéтов на авто́бус до Яросла́вля.

– А ско́лько лет вáшим дéтям?

– Вáне и Ли́зе – пять, а Мáше – четы́рнадцать.

– Вам ну́жно то́лько три взро́слых билéта и оди́н билéт для собáки. Вам тудá и обрáтно?

– Нет, то́лько тудá. А ско́лько сто́ят билéты?

– 360 рублéй.

– Вот, пожáлуйста, 400 рублéй.

– Вáша сдáча 40 рублéй.

– Спаси́бо. Скажи́те, когдá отправля́ется авто́бус?

– В 8:46.

– А когдá он прибывáет в Яросла́вль?

– В 9:35.

– Большо́е спаси́бо.

Обы́чно авто́бус прибыва́ет в Яросла́вль до того́, как отправля́ется электри́чка. Но сего́дня авто́бус опозда́л и при́был в 9:50.

На́до бы́ло ждать сле́дующей электри́чки.

В кио́ске роди́тели купи́ли газе́ты и конфе́ты. Так ждать сле́дующей электри́чки бы́ло не о́чень ску́чно. Ма́ша всё вре́мя то́лько ду́мала об эсэмэ́ске, кото́рую она́ получи́ла. Она́ не о́чень люби́ла чита́ть газе́ты. Актуа́льные но́вости она́ узнава́ла из интерне́та.

Ли́за и Ва́ня е́ли конфе́ты и игра́ли с Ри́кой. Роди́тели чита́ли газе́ты.

В сад

Где Рика?

На вокза́ле бы́ло о́чень мно́го люде́й. Бы́ли выходны́е, а в э́ти дни лю́ди обы́чно е́дут отдыха́ть на да́чу, в сад и́ли на приро́ду.

Для Ри́ки здесь всё бы́ло но́вое и интере́сное.

Когда́ ми́мо е́хал по́езд и гро́мко гуде́л, Ри́ка о́чень испуга́лась, вы́рвалась и убежа́ла.

Ма́ша: Ри́ка, ты куда́? Стой!

Па́па: Ри́ка, ко мне!

Ма́ма: На́ша электри́чка отправля́ется че́рез де́сять мину́т!

Ва́ня: Но мы не мо́жем без Ри́ки е́хать да́льше.

Ли́за: Ри́ка уже́ далеко́!

Вся семья́ бе́гала по вокза́лу и иска́ла соба́ку. Ри́ка пропа́ла. Где она́ могла́ быть?

Все лю́ди, кото́рых они́ спра́шивали, отвеча́ли, что не ви́дели здесь соба́ку.

Ещё пять мину́т, и электри́чка отправля́ется. Как вдруг …

Мужчи́на: Извини́те, э́то ва́ша соба́ка?

Ма́ма: Да, э́то на́ша соба́ка. Большо́е спаси́бо.

Ма́ша: Ри́ка, где ты была́?

Мужчи́на: Она́ была́ в вокза́ле.

Ва́ня: Ура́, Ри́ка опя́ть с на́ми!

Ли́за: Тепе́рь мы мо́жем е́хать да́льше.

Па́па: Да, нам на́до идти́. На́ша электри́чка ско́ро отправля́ется. Ещё раз большо́е спаси́бо. До свида́ния.

Тепе́рь они́ опя́ть все бы́ли вме́сте и могли́ идти́ к электри́чке.

Чем заня́ться в саду́?

Пое́здка на электри́чке была́ без приключе́ний. По́езд е́хал бы́стро ми́мо реки́, ле́са и дереве́нь. Семья́ Соколо́вых сиде́ла в электри́чке и разгова́ривала о том, чем они́ бу́дут занима́ться в саду́.

Па́па и ма́ма сказа́ли, что они́ хотя́т отдохну́ть от рабо́ты. Ма́ша рассказа́ла, что она́ хо́чет погуля́ть с Ри́кой в лесу́, а пото́м написа́ть име́йл Али́не и Дени́су. У Ва́ни там был друг. Он сказа́л, что он хо́чет игра́ть с ним. А Ли́за сказа́ла, что она́ ещё не зна́ет, чем она́ бу́дет занима́ться.

В 11:30 семья́ Соколо́вых, наконе́ц, была́ в саду́. У них был большо́й и ую́тный сад. А там был ма́ленький двухэта́жный до́мик. Ещё здесь бы́ло мно́го цвето́в. Ря́дом с са́дом начина́лся лес, где мо́жно бы́ло гуля́ть. Недалеко́ от са́да был пруд.

В саду́ Соколо́вы уви́дели, что их ждёт мно́го рабо́ты. Они́ уже́ давно́ не́ были в саду́. Им на́до бы́ло всё убра́ть.

Да, мно́го рабо́ты нас здесь ждёт.

Дава́йте бу́дем убира́ть вме́сте.

Но Ма́ша не хоте́ла убира́ть в саду́. У неё бы́ли други́е пла́ны.

Мо́жет быть, мы пото́м убе́рём в саду́?

Я счита́ю, что вме́сте мы всё сде́лаем бы́стро и пото́м мо́жем отдыха́ть.

Ва́ня то́же не хоте́л помога́ть.

А я хочу́ игра́ть с дру́гом. Он меня́ уже ждёт.

Но де́лать бы́ло не́чего. На́до бы́ло помо́чь. И так Ма́ша и Ли́за на́чали убира́ть в до́мике, а роди́тели и Ва́ня – в саду́.

Рабо́ты здесь бы́ло мно́го, но Ма́ша и Ли́за рабо́тали бы́стро, и да́же Ри́ка им помога́ла. Убира́ть до́мик вме́сте бы́ло ве́село.

Когда́ Ма́ша и Ли́за убра́ли до́мик, Ма́ша предложи́ла Ли́зе помо́чь роди́телям в саду́.

Ма́ша: Нам на́до помо́чь роди́телям в саду́.

Ли́за: Хорошо́. Мне понра́вилось убира́ть до́мик.

Ма́ша: Отли́чно. Тогда́ дава́й, ты уже́ иди́, а я сейча́с. Мне на́до в туале́т.

Когда́ Ма́ша была́ одна́, она́ взяла́ телефо́н и ещё раз прочита́ла эсэмэ́ску.

Роди́тели, Ли́за и Ва́ня бы́ли в саду́, так что Ма́ша без пробле́м могла́ посмотре́ть под ле́стницей.

Но тут она́ посмотре́ла в окно́ и уви́дела, что все иду́т в дом. Бы́ло слы́шно, как они́ говори́ли.

Ма́ма: На́до пригото́вить обе́д.

Па́па: Я уже́ да́вно хочу́ есть.

Ли́за: А что сего́дня бу́дет на обе́д?

Ма́ма: Мы купи́ли пельме́ни и к ним сде́лаем сала́т из овоще́й.

Ли́за: Здо́рово, пельме́ни – э́то моя́ люби́мая еда́.

«Ну вот, всё пропа́ло» – поду́мала Ма́ша.

Ма́ма: Ма́ша, хорошо́, что ты тут. Я хочу́ пригото́вить обе́д. Помоги́ мне, пожа́луйста.

Ма́ша: Да, коне́чно.

Ва́ня: Я бу́ду де́лать сала́т с Ма́шей.

Па́па: А я посмотрю́, кака́я бу́дет пого́да.

Я хочу́ знать, что в но́вом письме́.

Пого́да бу́дет хоро́шая и тёплая, бу́дет 30 гра́дусов …

Чем заня́ться в саду́?

После обеда Ваня играл с другом, а мама и папа отдыхали в саду. Было жарко, и они загорали и читали газеты и журналы, которые купили на вокзале. Маша хотела посмотреть под лестницей, но Лиза сидела на диване, который был рядом с лестницей, и смотрела книгу. Маша думала, как ей взять письмо, чтобы Лиза её не увидела.

Маша: Лиза, на улице прекрасная погода. Ты не хочешь загорать с мамой и папой. Папа тебе может прочитать книгу.

Лиза: Нет, не хочу. Я сама хочу читать.

Маша: Но ты не умеешь читать.

Лиза: Умею. Я знаю, что здесь написано. Это моя любимая книга.

«Ну ладно, – подумала Маша, – можно пока написать имейл Алине и Денису».

Кому	Алине, Денису

Привет, Алина, привет, Денис!

Как дела? У меня всё отлично.

Я сейчас в саду с мамой, папой, Лизой и Ваней. Здесь погода хорошая и тёплая: днём 30, а ночью 20 градусов. Мы отдыхаем.

У меня новость: этот человек знает мой номер телефона. Я получила от него эсэмэску. Он пишет, что под лестницей в домике есть ещё одно письмо. Я ещё не смотрела, потому что мой родители или Лиза всегда рядом. Когда прочитаю письмо, напишу вам.

Пока

Маша

Операция «письмо»

После обеда Маша думала только о письме и как его взять, чтобы её никто не увидел.

Как на зло начался дождь. Семья Соколовых была в домике. Даже друг Вани был здесь. А домик был маленький, и места было мало.

Маша: Папа, я думала, будет хорошая погода.

Папа: Конечно будет. Дождь сейчас закончится, и будет опять тепло.

Мама: У природы нет плохой погоды, всякая погода – благодать.

Маша пошла на верх, где была спальня. Она взяла книгу и начала читать. И тут она получила эсэмэску от Алины.

 Маша, привет. Прочитала твой имейл. Этот человек знает твой номер телефона?! Ты уже прочитала письмо?

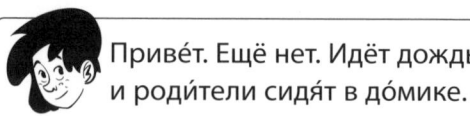 Привет. Ещё нет. Идёт дождь, и родители сидят в домике.

 Понятно. Давай, пиши, как прочитаешь.

Когда́ дождь зако́нчился, и опя́ть свети́ло со́лнце, на́до бы́ло погуля́ть с Ри́кой. Ма́ша хоте́ла идти́ в лес, кото́рый начина́лся ря́дом с са́дом. Она́ о́чень люби́ла гуля́ть по ле́су. В лесу́ Ма́ша хоте́ла позвони́ть Али́не. Ва́ня и Ли́за то́же хоте́ли идти́ гуля́ть с Ма́шей и Ри́кой, но Ма́ша не хоте́ла их брать. В лесу́ Ма́ша позвони́ла Али́не.

– Приве́т!

— Ой, Ма́ша, приве́т! Ну что?

– Ничего́. Я ещё не смотре́ла под ле́стницей.

— Ой, как интере́сно. И кто тебе́ пи́шет?
Я ду́маю, ты э́того челове́ка зна́ешь.
Мо́жет быть, э́то Вади́м из 9-го «Б».
Я ду́маю, ты ему́ нра́вишься.

– Ду́маешь? Я не зна́ю. Но мне
немно́го стра́шно.

— Ты расскажи́ роди́телям об э́тих пи́сьмах.

– Пока́ не хочу́.

По доро́ге обра́тно в сад Ма́ша ду́мала о том, что ей сказа́ла Али́на. Мо́жет быть, э́то был действи́тельно Вади́м из 9-го «Б». Но нет, э́того не мо́жет быть. И зачём Вади́м бу́дет ей, Ма́ше, писа́ть таки́е стра́нные пи́сьма?

Ма́ша могла́ спроси́ть Дени́са. Вади́м его́ друг. Но Дени́с знал о Ма́шиных пи́сьмах и ничего́ не сказа́л. Нет, э́то не Вади́м их писа́л. Ма́ша реши́ла, что снача́ла ей на́до прочита́ть письмо́, кото́рое бы́ло под ле́стницей.

В саду́ уже́ был гото́в у́жин. По́сле у́жина семья́ Соколо́вых игра́ла в насто́льные и́гры. Бы́ло о́чень ве́село, и Ма́ша забы́ла о письме́.

Но ночью Маша не могла уснуть. Когда стало тихо, она встала. Сейчас был хороший момент посмотреть. В домике было очень темно. Маша плохо видела, но она не хотела включать свет. Она спустилась вниз и стала искать письмо. Но под лестницей ничего не было.

«Надо взять фонарик», – подумала Маша.

И тут Маша увидела письмо. Она взяла его. В этот раз письмо было большое. На нём стояло: «Для Маши Соколовой».

Сюрприз

Máша взялá письмó и откры́ла егó. В э́тот раз в письмé нé было вопрóса. Там бы́ло …

Приглашéние

на турбáзу «Э́рцог»

для
Мáши Соколóвой
и её семьи́
с 10-го по 17-е июля

Дорогáя Мáша!

Тебя́ ждут óтдых, и́гры и прирóда.
На турбáзе ты и твоя́ семья́ смóжете отли́чно провести́ врéмя.

Турба́за «Э́рцог» –

э́то отли́чное ме́сто, где мо́жно отдохну́ть на приро́де всей семьёй. Здесь то́лько лес, река́ Во́лга и тишина́. Вам здесь о́чень понра́вится. Турба́за «Э́рцог» нахо́дится в посёлке Фоми́нское недалеко́ от го́рода Тута́ева.

На террито́рии турба́зы «Э́рцог» нахо́дится ма́ленькая гости́ница.

Здесь есть 6 номеро́в для 5–6 челове́к с туале́том и ду́шем. На пе́рвом этаже́ нахо́дится о́бщая ку́хня. Но на́ши го́сти та́кже мо́гут заказа́ть за́втрак, обе́д и у́жин.

Го́сти турба́зы мо́гут здесь акти́вно провести́ вре́мя. Турба́за «Э́рцог» предлага́ет гостя́м волейбо́л, те́ннис, бату́т, рыба́лку, во́дные лы́жи и ката́ние на ло́дках.

По́сле дли́нного дня го́сти мо́гут отдохну́ть в ру́сской ба́не.

«Э́то письмо́, уж то́чно, ну́жно показа́ть роди́телям», – поду́мала Ма́ша.

На сле́дующее у́тро.

– Ма́ма! Па́па! Смотри́те! Нас приглаша́ют
на турба́зу … на це́лую неде́лю!!

> – Да, моя́ дорога́я Ма́ша, мы пое́дем
> на це́лую неде́лю на турба́зу …

– Как, ты об э́том зна́ла? Но, …
Я ничего́ не понима́ю. Э́то приглаше́ние пришло́
то́лько сейча́с в э́том письме́ без а́дреса…
Подожди́, е́сли ты о нём зна́ла, то ты зна́ешь,
кто написа́л э́то письмо́. Скажи́, кто его́ написа́л?

> – Да, я зна́ю, кто написа́л э́то письмо́ и други́е
> пи́сьма, кото́рые ты получа́ла в после́днее вре́мя.
> И па́па то́же зна́ет.

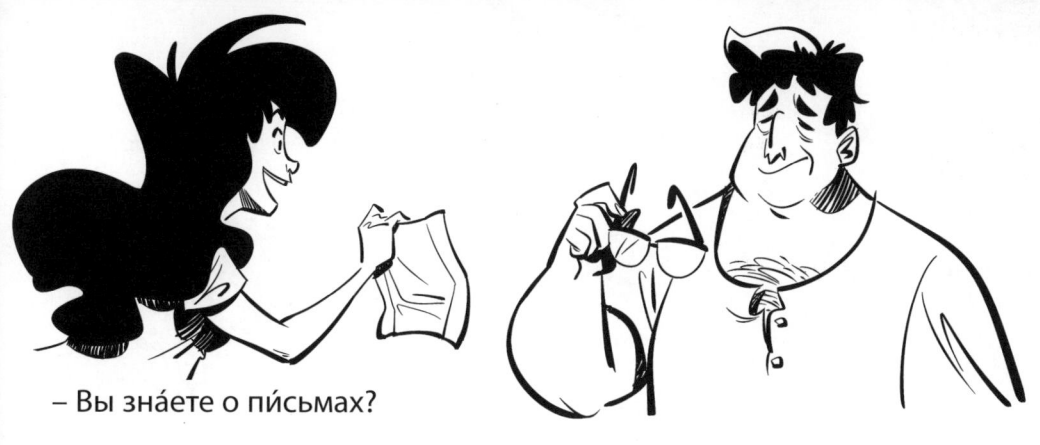

– Вы зна́ете о пи́сьмах?

– Да, мы зна́ем о них.

– Но, отку́да? Я их вам не пока́зывала.

– Мы ви́дели, что ты была́ гру́стная, когда́
начали́сь кани́кулы. И все сле́дующие дни
ты скуча́ла по Али́не и Дени́су. Мы хоте́ли,
чтобы у тебя́ бы́ли интере́сные кани́кулы.
Ведь ты так лю́бишь путеше́ствовать.
Поэ́тому мы писа́ли тебе́ пи́сьма с вопро́сами.
И эсэмэ́ску тебе́ написа́л мой колле́га.

– Так э́то бы́ли вы?

– Ты хоте́ла, как и твои́ друзья́, пое́хать отдыха́ть.
Для большо́й пое́здки де́нег не́ было,
поэ́тому мы заброни́ровали номера́ на турба́зе …
Э́то, коне́чно, не больша́я гости́ница
с одноме́стными и двухме́стными номера́ми.
Но я ду́маю, что тебе́ э́то то́же понра́вится.
Ведь ты так лю́бишь приро́ду.
И на́шу соба́ку мы мо́жем взять то́же с собо́й.
А Ва́ня и Ли́за мо́гут научи́ться там пла́вать.

– Ма́ма! Па́па! Э́то так здо́рово! Спаси́бо большо́е.

Привет, ребята! Вы знаете, где я сейчас?

В саду.

Дома.

Нет, не правильно. А я теперь знаю, кто писал мне эти письма?

Кто?

Пиши скорей!

Мои родители. Они хотели, чтобы у меня были интересные каникулы.

Вот, здорово!

Мои родители сделали для нас сюрприз. Мы отдыхаем на турбазе. Здесь так классно!

Алфави́тный слова́рь

Der Lernwortschatz aus *Диало́г 2,*
Уро́к 5 ist grau markiert.

P.	Person
Sg.	Singular
Pl.	Plural
f.	feminines Genus (Geschlecht)
m.	maskulines Genus (Geschlecht)
n.	neutrales Genus (Geschlecht)
Dat.	Dativ
Akk.	Akkusativ
Instr.	Instrumental
Präp.	Präpositiv
vgl.	vergleiche
Imp.	Imperativ
uv.	unvollendeter Aspekt
v.	vollendeter Aspekt
ugs.	umgangssprachlich

А

акти́вно   aktiv
алле́я   Allee

Б

байда́рка *Gen. Pl. байда́рок*   Paddelboot,
   Kajak
балко́н   Balkon
ба́ня   Sauna
бату́т   Trampolin
бе́гать *uv.*   laufen
бо́льше всего́   am meisten
боя́ться *uv.*   Angst haben
брать   nehmen *vgl.* взять
бу́ква   Buchstabe

В

вдруг: как вдруг   als plötzlich
ведь   nämlich, denn
велосипе́д   Fahrrad

верх: на ве́рх   nach oben
ве́тер *Gen. ве́тра; Pl. ве́тры;*
   Gen. Pl. ве́тров   Wind
ве́шать нос   den Kopf hängen lassen
   wörtlich: die Nase hängen lassen
взро́слый, -ая, -ое; -ые   erwachsen
включа́ть свет   Licht einschalten
во́дные лы́жи *Pl.*   Wasserski
во́дный   Wasser-
все   alle
всё измени́лось   alles hat sich verändert
все лю́ди   alle Leute
всей семьёй   mit der ganzen Familie
встать *v.*   aufstehen
всю неде́лю   die ganze Woche
вся семья́   die ganze Familie
вы́рваться *v.*   sich losreißen
выходно́й, -а́я, -о́е; -ы́е   arbeitsfrei, frei
выходны́е *nur Pl. ugs.*   Wochenende

Г

горá *Pl. гóры* Berg
гостúница Hotel
готóв: был готóв war vorbereitet
грáдус Grad
грóмко laut
грýстный, -ая, -ое; -ые traurig
гудéть *uv.* dröhnen

Д

дáча Datsche, Grundstück mit Wochen-
endhaus
двухмéстный, -ая, -ое; -ые Doppel-,
Doppelbett-
двухэтáжный, -ая, -ое; ые zwei-
geschossig
девчóнки *Pl. ugs.* Mädels
действúтельно tatsächlich
дéньги *Pl.; Gen. Pl. дéнег* Geld
дивáн Couch, Sofa
до тогó davor
довóльно ziemlich
дождь *m., Gen. дождя; Pl. дождú,
Gen. дождéй* Regen
дождь идёт es regnet
дóмик Häuschen, Bungalow *vgl.* дом
дописáть *v.* vervollständigen
дорóга: по дорóге auf dem Weg
дочь Tochter
друг дрýгу sich gegenseitig
дуть *uv.* pusten, wehen
душ Dusche

Е

éсли …, то wenn …, dann

Ж

жáрко heiß, sehr warm
жýтко: Ей стáло немнóго жýтко. Ihr
wurde etwas bange.

З

за dafür sein
забронúровать *v.; что? mit Akk.* reser-
vieren, buchen
загорáть *uv.* sich sonnen
загáдочный, -ая, -ое; -ые geheimnis-
voll
закóнчиться *v.* enden, vorbei sein
заняться *v.* sich mit etwas beschäftigen
vgl. занимáться *uv.*
зачéм warum
земляной вал Erdwall
зéркало Spiegel
зло: как на зло wie es der Zufall so will
знáчить bedeuten
золотóй, -áя, -óе; -ые Gold-, golden

И

искáть *uv.* suchen
испугáться *v.* sich erschrecken

К

казáлось es schien
Казáнско-Преображéнская цéрковь
Kasaner Christi-Verklärungskirche, eine der
Kirchen in Tutajew aus dem 18. Jh.
как *(hier)* wenn
катáние на лóдках Bootfahren
катáние на лыжах Skifahren
катáться *uv. на mit Präp.* [kɐˈtatsːə] fahren
киломéтр Kilometer
киóск Kiosk
клúмат Klima
когдá *(hier)* als
коллéга Kollege
Колокóльный завóд Fabrik zur
Herstellung von Kirchenglocken
кольцó *Pl. кóльца, Gen. Pl. колéц* Ring
комáр Mücke
конфéты *Pl.* Konfekt, Pralinen, Bonbons
купáться, я купáюсь, ты купáешься; онú
купáются [kuˈpatsːə] baden

Кустоди́евский бульва́р Kustodiev Promenade, Boris Kustodiev war ein russischer/sowjetischer Maler und Grafiker

Л

ла́герь *(hier)* Ferienlager
лес *Pl. леса́; Präp. в лесу́* Wald
ле́стница Treppe
под ле́стницей unter der Treppe
ло́дка *Gen. Pl. ло́док* Boot

М

мечта́ть *uv.; о mit Präp. oder mit Inf.* träumen, schwärmen
многоэта́жный, -ая, -ое; ые mehrstöckig
мо́жет быть vielleicht, möglicherweise
моме́нт Zeitpunkt
моро́женое Eis
мо́стик Steg, kleine Brücke *vgl.* мост
мочь, я могу́, ты мо́жешь, он мо́жет; мы мо́жем, вы мо́жете, они́ мо́гут *uv., mit Inf.* können *die Möglichkeit haben*
мужчи́на Mann

Н

на́бережная Strandpromenade
на́до *mit Inf. + Dat.* man muss
наза́д: год наза́д *(hier)* vor: vor einem Jahr
найти́ *v.* finden
наконе́ц endlich
напи́сан, напи́сана, напи́сано; напи́саны geschrieben
написа́ть *v.* schreiben *vgl.* писа́ть *uv.*
насто́льная игра́ Brettspiel
настоя́щий, -ая, -ее; -ие echt
немно́го etwas
не́чего: де́лать бы́ло не́чего es war nichts zu machen
никто́ niemand
но́мер *Pl. номера́* *(hier)* Hotelzimmer
но́чью nachts, in der Nacht

О

о́блачный, -ая, -ое; -ые bewölkt, wolkig
обра́тно zurück, Rückfahrt
о́бщий, -ая, -ее; -ие *(hier)* Gemeinschafts-
обяза́тельно unbedingt
о́вощи *Pl.* Gemüse
овца́ Schaf
одноме́стный, -ая, -ое; -ые Einbett-, Einzel-
о́зеро *Pl. озёра* See
опера́ция Operation
опозда́ть *v.* sich verspäten
опя́ть wieder
остано́вка *(hier)* Halt
осторо́жный, -ая, -ое; -ые vorsichtig
отве́т Antwort
отвеча́ть *uv.* antworten
отдохну́ть/отдыха́ть sich erholen, ausruhen
о́тдых Erholung
откры́тка Postkarte
отправи́тель Absender
отправля́ться *uv.* [ɐtprɐˈvlʲɑtsːə] abfahren
отсю́да von hier aus

П

па́смурно trüb
пикни́к Picknick
Пиши́ скоре́й! *(hier)* Raus damit!
пла́вать *uv.; nicht zielgerichtet* schwimmen
план Plan
пляж *Gen. Pl. пля́жей* Strand
по доро́ге auf dem Weg
по кра́йней ме́ре zumindest
пого́да Wetter
под *mit Akk.* unter
под ле́стницей unter der Treppe
подожди́ *Imp.* warte

поду́мать *v.; о ком? о чём? mit Präp. auch над чем? mit Instr.* denken, nachdenken, überlegen

подходя́щий, -ая, -ее; -ие passend

по́езд *Pl. поезда́* Zug, Bahn

пое́здка *Gen. Pl. пое́здок* Reise, Fahrt

пое́хать, я пое́ду, ты пое́дешь; они́ пое́дут, *zielgerichtet* fahren, hinfahren, losfahren

Пожа́рная ба́шня: 25-метро́вая ~ 25 Meter hoher Feuerturm

позва́ть *v.* rufen *vgl.* звать *uv.*

позвони́ть/звони́ть, я позвоню́, ты позвони́шь; они́ позвоня́т *v.; кому? mit Dat.* anrufen

пойти́, я пойду́, ты пойдёшь; они́ пойду́т *v.; zielgerichtet; Prät.:* пошёл *m.,* пошла́ *f.,* пошло́ *n.;* пошли́ *Pl.* gehen, losgehen

пока́ *(hier)* fürs erste

Покро́вский храм (Це́рковь Покро́ва) *Mariä-Schutz- und Fürbitte-Kirche*, eine der Kirchen in Tutajew aus dem 17. Jh.

получи́ться, полу́чится, полу́чатся; *nur in der 3. P. Sg. und Pl.* gelingen, klappen

по-настоя́щему wirklich

понра́виться, я понра́влюсь, ты понра́вишься; они́ понра́вятся *v.; кому? mit Dat.* [pɐˈnrɐˈvʲit͡sə] gefallen

посёлок Siedlung

потому́ что [pətɐˈmuʂtə] denn, weil

похо́д Wanderung

почто́вый я́щик Briefkasten

предложи́ть/предлага́ть *кому? mit Dat.* vorschlagen

прибыва́ть *uv.* ankommen, eintreffen

прибы́ть *v.* ankommen, eintreffen

пригото́вить *uv. что? mit Akk.* zubereiten

приключе́ния *Pl.* Abenteuer

приро́да Natur

провести́ *v.* verbringen

пропа́ло: Всё пропа́ло! Alles ist verloren!

пропа́сть *v.* sich verlieren, verschwinden

пруд Teich

путеше́ствовать *uv. no mit Dat* reisen

р

разгова́ривать *uv.* reden

ра́ньше früher

реши́ть *v.* beschließen

родни́к Quelle

рыба́лка Angeln

с

с высоты́ пти́чьего полёта aus der Vogelperspektive

с собо́й: взять с собо́й mitnehmen

свети́ть *uv.* scheinen

сда́ча Wechselgeld

сесть *v.* sich hinsetzen

скуча́ть *uv. по кому? mit Dat.* jmdn. vermissen

ску́чно [ˈskutɕnə] langweilig

сле́дующий, -ая, -ее; -ие folgender, nächster

слы́шать, я слы́шу, ты слы́шишь; они́ слы́шат *uv.* hören

слы́шно: бы́ло слы́шно es war zu hören

смочь *v.* können *vgl.* мочь *uv.*

снег *Gen. сне́га; Pl. снега́* Schnee

снег идёт es schneit

соверши́ть велосипе́дную экску́рсию eine Fahrradführung machen

совсе́м ganz und gar, total

сок Saft

со́лнечно sonnig

соси́ски *Pl.* (Wiener) Würstchen

спать *uv.* schlafen

спроси́ть/спра́шивать fragen

спусти́ться вниз nach unten gehen

Стой! *Imp.* Bleib stehen!

стоя́ть *uv.* stehen

стоя́ть: на нём стоя́ло *(hier)* dort stand geschrieben

стра́нный, -ая, -ое; ые merkwürdig

стра́шно: мне немно́го стра́шно ich habe etwas Angst

счита́ть *uv.* [ɕɪˈtatʲ] *(hier)* denken, meinen

сэ́ндвич Sandwich

сюрпри́з Überraschung

Т

так что   sodass
та́кже   ebenfalls
тако́й, -а́я, -о́е; -и́е же   ebensolche(r), genauso
тёплый, -ая, -ое; -ые   warm
ти́хо   ruhig
тишина́   Ruhe *vgl.* Ти́хо!
тогда́   dann
турба́за *туристи́ческая ба́за*   Feriendorf, Jugendherberge

У

у всех   bei allen
У приро́ды нет плохо́й пого́ды, вся́кая пого́да – благода́ть.   Es gibt kein schlechtes Wetter, jedes Wetter ist gut.
убежа́ть *v.*   ausreißen, weglaufen
убра́ть/убира́ть   aufräumen
уви́деть *v.*   sehen *vgl.* ви́деть *uv.*
уговори́ть *v. кого? mit Akk.*   überreden
уж то́чно   sicherlich
уж: не тако́й уж   nicht ganz so
узна́ть *v.*   erfahren
у́лочка   Gasse
уме́ть, *я уме́ю, ты уме́ешь; они уме́ют uv., mit Inf.*   können *eine Fähigkeit besitzen*
усну́ть *v.*   einschlafen
устро́ить *v.*   organisieren
уче́бный, -ая, -ое; -ые   Schul-
уче́бный день   Schultag

Ф

фона́рик   Taschenlampe
фо́тка *ugs.; Gen. Pl. фо́ток; фотогра́фия*   Foto, Bild
фру́кты *Pl.*   Früchte

Х

хо́лодно   kalt
храм   Kathedrale, Dom

Ц

целова́ть *uv. кого́? что? mit Akk.*   küssen

Ч

че́рез   in *zeitlich*
что́бы   damit

Э

электри́чка (городска́я) *Gen. Pl. электри́чек*   S-Bahn, Vorortbahn
эсэмэ́ска *ugs.; Gen. Pl. эсэмэ́сок*   SMS
эх   ach, oje

Я

я́рмарка   Jahrmarkt

Inhalt – Содержа́ние

Диалог 2

Загадочное письмо
Elena Nadchuk

Illustrationen
Marc Rueda

Redaktion
Viktoria Scharf

Umschlaggestaltung
LemmeDESIGN, Berlin

Layout und technische Umsetzung
Marina Goldberg

Hörbuch
Tonaufnahmen: Clarity Studio, Berlin
Sprecherin: Maria Zharkova
Regie: Lena Richert

Für die Nutzung des kostenlosen Internetangebots zum Buch gelten die allgemeinen Geschäftsbedingungen (AGB) des Internetportals www.cornelsen.de, die jederzeit unter dem entsprechenden Eintrag abgerufen werden können.

Das Hörbuch und die Arbeitsblätter zu *Загадочное письмо* gibt es auf go.cornlesen.de unter dem Code: **wexape**

www.cornelsen.de
1. Auflage, 2. Druck 2025
Alle Drucke dieser Auflage sind inhaltlich unverändert und können im Unterricht nebeneinander verwendet werden.
© 2021 Cornelsen Verlag GmbH, Mecklenburgische Str. 53, 14197 Berlin, E-Mail: service@cornelsen.de
Druck: H. Heenemann, Berlin
ISBN: 978-3-06521178-9

PEFC-zertifiziert
Dieses Produkt
stammt aus
nachhaltig
bewirtschafteten
Wäldern

PEFC/04-31-1156   www.pefc.de